# LES OUVRIERS EUROPÉENS
## ÉPILOGUE GÉNÉRAL

BUT, PLAN ET PREMIER SPÉCIMEN

D'UNE COLLECTION INTITULÉE :

# LA QUESTION SOCIALE
## AU XIXᵉ SIÈCLE

D'APRÈS LES ENSEIGNEMENTS DE L'HISTOIRE UNIVERSELLE
ET L'OBSERVATION DES PEUPLES CONTEMPORAINS

PAR

Une société d'auteurs indépendants les uns des autres, réunis seulement
par la communauté du But et du Plan

PUBLIÉE PAR

LE COMITÉ DE LA BIBLIOTHÈQUE SOCIALE

> On fera bien, en étudiant toutes les théories,
> de les confronter avec les faits eux-mêmes et
> avec la vie pratique. Quand elles s'accordent avec
> la réalité, on peut les adopter. Si elles ne s'ac-
> cordent pas avec celle-ci, on peut les soupçonner
> de n'être que de vains raisonnements.
> (ARISTOTE, *Morale*, X, IX, 4.)

## TOURS
ALFRED MAME ET FILS, LIBRAIRES-ÉDITEURS

Paris (rive droite) DENTU, libraire, Palais-Royal, galerie d'Orléans
Paris (rive gauche) LARCHER, libraire, 57, rue Bonaparte

1879

# SOMMAIRE

## DE L'ÉPILOGUE GÉNÉRAL

---

# AVERTISSEMENT

Ce petit écrit résume l'une des conclusions d'un ouvrage en six volumes ayant pour titre : *Les Ouvriers européens*. L'auteur voudrait contribuer, autant qu'il dépend de lui, à apaiser les discordes que la question sociale soulève aujourd'hui en Occident. A cet effet, il présente un plan fort simple qui dirigerait, vers ce but commun, beaucoup d'efforts, peu efficaces aujourd'hui, parce qu'ils restent isolés et divergents. Il s'adresse particulièrement à quatre classes de personnes : aux chefs des ateliers de travail où se conserve la paix sociale; aux savants qui ont cherché dans l'histoire les conditions du bonheur des individus et de la prospérité des nations; aux voyageurs qui ont trouvé ces conditions réunies chez les peuples contemporains; enfin aux écrivains qui ont acquis du renom en publiant des faits observés à ces trois sources d'information.

Les personnes placées dans ces conditions pourraient contribuer au succès de l'entreprise, alors même qu'elles ne pourraient s'y associer ostensiblement. L'auteur recevrait avec reconnaissance les communications qui lui seraient faites à ce sujet; et il les considérera comme confidentielles, s'il n'est pas autorisé expressément à les publier.

Les communications de ce genre doivent être adressées *franco* à M. A. Delaire, secrétaire du Comité de la *Bibliothèque sociale,* place Saint-Sulpice, 6, Paris.

Paris, 1ᵉʳ mars 1879.

F. Le Play.

# BUT ET PLAN

## DE LA QUESTION SOCIALE

L'Europe est ébranlée aujourd'hui dans les idées, les mœurs et les institutions qui lui assuraient autrefois un état relatif de paix et de stabilité. Je ne fais point ici allusion aux convoitises coupables qui ont provoqué de tous temps la guerre entre les nations ennemies, et qui continuent plus que jamais à se donner carrière. Je parle des erreurs, spéciales à l'époque actuelle, qui créent la haine et déchaînent la discorde entre les diverses classes d'une même nation, et spécialement entre les pauvres et les riches. Cette maladie était à peine visible au début de mes voyages; mais elle couvait déjà dans les cœurs. Depuis 1830, et surtout depuis 1848, elle prend chaque jour des développements inouïs. Au moment où j'écris, l'invasion du fléau n'a guère été repoussée que par quatre régions : la presqu'île scandinave, la plaine saxonne, les petits cantons suisses de l'Oberland et le pays basque de l'Espagne. Dans l'histoire de l'Europe, et probablement dans celle du monde entier, les discordes sociales seront appelées

« la plaie du XIXe siècle ». Ce mal, émanant du vice et surtout de l'erreur des nations, peut être assimilé à l'une de ces affections chroniques du corps humain, qui ressentent le contre-coup de chaque désordre survenu dans l'organisme : il se rattache surtout aux phénomènes de l'ordre moral ; et il prend un caractère aigu, dès qu'une nation souffrante commet quelque nouveau méfait.

Cette calamité subite et universelle est l'une des préoccupations dominantes des contemporains. Elle provoque des recherches et soulève des débats qui, dans leur ensemble, constituent « la question sociale ». Cette question conduit à des solutions très diverses. Elle est devenue une branche spéciale de littérature ; et les écrivains qui s'y adonnent sont maintenant, malgré leurs bonnes intentions, une source nouvelle d'antagonisme social. Les discussions qui en résultent aggravent par conséquent le mal que ces écrivains se proposent de guérir. Pour rétablir la paix, il importe d'écarter cette cause accessoire de discorde. Tel est le but que je signale à la sollicitude des personnes qui se dévouent à la réforme des sociétés. En ce qui touche spécialement les écrivains, je les distingue en deux catégories, savoir : les réformistes-novateurs et les réformistes-traditionnels ; j'applique d'ailleurs à chacune d'elles le moyen de pacification qui lui convient.

Les écrivains de la première catégorie attribuent le mal à la pratique que les sociétés ont toujours adoptée en ce qui touche l'éducation des enfants et le gouvernement des familles. A ce point de vue, ils opposent ordinairement quelque nouveauté aux traditions les plus persistantes. Ils adoptent, comme base de leur système, une notion nouvelle sur la nature de l'homme. Cette idée préconçue est accessible aux esprits les plus simples. Les conclusions s'en induisent par une logique rigoureuse. Tout homme qui possède une certaine culture intellectuelle est donc capable d'adopter ou de rejeter le système, selon que l'idée préconçue est conforme ou contraire à l'opinion qu'il s'est faite touchant sa propre nature et celle de ses enfants. C'est ainsi que tout esprit cultivé peut juger, par lui-même, deux systèmes discutés avec passion parmi nous : celui que J.-J. Rousseau a fondé sur la perfection originelle de l'enfant ; celui que certains naturalistes font logiquement dériver d'une communauté d'origine entre l'homme et les animaux. Chacun de ces systèmes repose sur un fait dont l'existence peut être démontrée ou réfutée par des observations contradictoires. La distinction du vrai et du faux, quand la question sociale est ainsi posée, est une œuvre simple. Elle peut être tranchée partout par l'auteur et un contradicteur discutant de bonne foi. Il n'y a donc pas lieu de convier cette catégorie d'écrivains à l'entreprise collective dont je signale ci-après l'utilité.

Les écrivains de la seconde catégorie prennent pour point de départ de leurs travaux la méthode scientifique qui fonde les systèmes sur l'observation des faits. Ils observent d'abord les sociétés des diverses régions. Ils concluent ensuite que le bon système social est celui des peuples prospères, et que les mauvais systèmes sont ceux des peuples souffrants. Toutefois, pour établir leurs conclusions, les réformistes-traditionnels sont placés, devant les réformistes-novateurs, dans une situation défavorable. En effet, les principales conditions du bonheur sont immuables; mais les conditions secondaires, qui sont aussi les plus apparentes et les plus enviées de chacun, varient selon les lieux. Pour arriver, sur chaque détail des constitutions sociales, à des conclusions pratiques, il faut donc exposer une multitude de faits et recourir à des appréciations compliquées : en d'autres termes, il faut composer de gros livres. Là se trouve la difficulté de la réforme pour les sociétés agglomérées de l'Occident. Au milieu de la diversité des livres consacrés à l'étude des constitutions sociales, un esprit, même droit et cultivé, distingue difficilement le vrai d'avec le faux et le principal d'avec l'accessoire.

Je pense, avec plusieurs amis, que l'on peut résoudre cette difficulté par un nouveau mode de publication. Les auteurs présenteraient, dans des résumés sommaires, les faits et les conclusions mis en lumière par leurs écrits. Le petit livre formé par la collection de ces résumés serait complété et rectifié dans les éditions successives. Tous arriveraient ainsi, soit par une connaissance plus précise de l'opinion des autres, soit avec le concours de nouvelles observations, aux idées communes qui existaient déjà à l'état latent dans les faits bien observés. A cet égard j'ai étudié un projet avec deux étrangers de distinction, qui ont acquis, par leurs travaux sur la science sociale, une renommée légitime ; et voici comment les préliminaires de l'entreprise se présentent à nos yeux.

Nous avons d'abord reconnu que les particuliers et les gouvernants intéressés à la réforme de leur propre pays ne pouvaient guère comparer les faits exposés et les conclusions établies. dans nos nombreux écrits. Il a donc été convenu que chacun de nous ferait un premier effort pour résumer ses travaux et ses opinions sur les principes essentiels à toute constitution sociale, et sur l'application qui en doit être faite à la réforme du pays qui lui est le mieux connu.

Chaque auteur affirmera simplement la vérité dans l'espace étroit qui lui est alloué. Il complétera chaque affirmation importante par un renvoi aux ouvrages qui, dans son opinion, en fournissent la meilleure preuve. Les trois résumés doivent être renfermés dans un cadre commun, subdivisé en cinq parties. Les titres de ces subdivisions ont été discutés, puis adoptés ; et je les ai pris pour guides dans le travail que je viens de terminer. Je m'acquitte de mon obligation personnelle, en publiant ci-après ce résumé ayant pour titre : *la Question sociale en France en* 1879.

Après avoir pris connaissance du travail ainsi préparé pour la France, mes deux amis se concerteront pour savoir s'il leur convient d'entreprendre des travaux analogues pour leurs propres pays. Nous aurons ensuite à nous concerter, tous les trois, pour arrêter la rédaction des trois résumés que nous pourrions présenter au public, comme « spécimen définitif » de la collection que nous désirons fonder. Le succès de cette collection serait d'autant mieux assuré que chaque résumé serait réduit à une moindre étendue ; et il s'agira surtout de décider si, comme nous l'avons admis dans notre première entrevue, cette étendue peut être fixée entre dix et quinze pages du format in-8°, ce qui correspond à seize et vingt-quatre pages du présent format. Le premier spécimen, publié ci-après, serait facilement réduit à ces proportions, si mes amis et moi pouvions nous entendre sur l'adoption ou l'exclusion de certains mots extraits (Pièce I) du Vocabulaire social annexé au tome I des *Ouvriers européens*. En cas d'entente sur ces divers points, le triple spécimen sera imprimé et vendu au prix de revient par le *Comité de la Bibliothèque sociale*. Enfin, munis du spécimen définitif, les trois auteurs associés se concerteraient en permanence pour recruter, dans le monde entier, les collaborateurs qui les aideront à fonder *la Question sociale au* xixe *siècle*.

Je ne crois pas devoir publier, comme beaucoup d'amis me le demandent, les statuts de cette collection. Une telle nouveauté, non plus que toute autre institution humaine, ne saurait être constituée solidement par une « loi écrite » : elle ne peut l'être que par l'action lente de « la coutume ». Cependant je signale, dès à présent, deux règles auxquelles doivent se soumettre les trois fondateurs et leurs futurs associés.

En premier lieu, interdire, dans l'exécution d'une entreprise qui est essentiellement une « œuvre de paix », ce qui pourrait déchaîner davantage, parmi les contemporains, la haine et la discorde. Condamner spécialement toute immixtion dans les débats religieux ou politiques; et, en général, tout ce qui pourrait soulever les justes susceptibilités des nations, des gouvernants et des individus. Enfin, décliner la collaboration de tout auteur qui exprimerait une passion haineuse contre un individu, une classe ou une nation.

En second lieu, assurer l'état de paix et l'indépendance réciproque parmi les auteurs associés. A cet effet, interdire à chacun de critiquer, de louer, ou même de citer ses collaborateurs. Par une conséquence naturelle, qui s'applique aux trois fondateurs comme à leurs futurs associés, chacun est autorisé à prendre, comme son propre bien, tout ce qui est à sa convenance dans les résumés antérieurement publiés. Chacun doit désirer que ces emprunts soient faits à ses écrits, avec les expressions mêmes qu'il a employées. Le terme de ces emprunts serait le ralliement complet aux principes de « la constitution essentielle »; et c'est précisément le but suprême de la science sociale. Les vérités éternelles sont la propriété de tous. Personne ne saurait en revendiquer la découverte ou la propriété. En cette matière, les contemporains ne peuvent faire qu'une sorte d'inventions : retrouver simplement ce qu'avait fait oublier la corruption de leurs ancêtres.

Paris, 1er mars 1879.

F. Le Play.

# LA QUESTION SOCIALE AU XIXᴱ SIÈCLE

## PREMIER SPÉCIMEN

# LA FRANCE

## EN 1879

PAR

## M. F. LE PLAY

Ancien Conseiller d'État, ancien Sénateur, Inspecteur général des mines
Commissaire général (1855-1862-1867)
aux Expositions universelles de Paris et de Londres

1*

# SOMMAIRE

## DU PREMIER SPÉCIMEN

---

---

# AVIS PRÉLIMINAIRE

Sur le système de renvoi employé dans la notice suivante, pour mettre le lecteur à même de trouver, dans le tome I<sup>er</sup> des *Ouvriers européens*, le développement des vérités sociales qui sont énoncées dans cette notice.

———

Je vais simplement affirmer ci-après les vérités sociales, dont la preuve a été donnée, sous une foule de formes, dans les six volumes des *Ouvriers européens*. Ces preuves sont indiquées dans cet écrit par des renvois placés en regard des affirmations; en sorte que le lecteur peut aisément s'y reporter. Toutefois, pour faciliter sa recherche, je renvoie seulement aux preuves sommaires résumées dans le tome I<sup>er</sup>. De là le lecteur pourrait, au besoin, se reporter aux détails des cinq autres volumes. Les deux chiffres formant, au bas des pages, ces renvois au tome I<sup>er</sup>, indiquent : le premier (romain), le Chapitre; le second (arabe), le Paragraphe. Enfin, le lecteur pourra encore épargner sa peine, en recourant au petit *Vocabulaire social*, inséré ci-après dans les Documents annexés (Pièce I), pour définir plusieurs mots employés.

———

# LA QUESTION SOCIALE EN FRANCE
## EN 1879

### § 1

La méthode que j'emploie, depuis un demi-
siècle, pour découvrir les vérités exposée ci-
dessous est l'observation des faits sociaux.
n'est point une nouveauté fondée sur que!
invention qui me soit propre : c'est une tradition, aussi vieille que le monde, pratiquée
aux époques de prospérité par les sages, chez
toutes les races que l'histoire signale comme
des modèles.

Ces races, quoique placées dans des conditions fort diverses, ont toujours présenté les
mêmes tendances dans leurs manifestations ex-
térieures. Elles ont voulu assurer à chacun de
leurs membres les avantages qui pourvoient
« aux deux besoins essentiels », savoir : au règne
de la loi morale et à la possession du pain quotidien. Pour atteindre ce but, les peuples modèles, sous la direction de leurs sages, ont
adopté un petit nombre de règles qui toutes,

mais à divers degrés, leur ont paru indispensables. La « constitution essentielle » est formée par l'ensemble des idées, des mœurs et des institutions dont ces règles dérivent ; et elle est, en quelque sorte, le trait dominant de l'édifice moral et matériel élevé par chaque peuple prospère. Selon la définition fournie par cette image, la constitution essentielle comprend sept éléments : deux *fondements*, le Décalogue et l'autorité paternelle, sans lesquels une société ne saurait même garder l'ordre et l'existence matérielle que l'instinct assure aux animaux sociables ; deux *ciments*, la religion et la souveraineté, qui sont le lien des individus et qui créent la paix nécessaire, soit au développement des facultés de l'homme, soit à la possession de l'empire qu'il doit exercer sur la terre ; enfin, trois *matériaux*, les trois formes de la propriété du sol (communauté, propriété individuelle, patronage) qui procurent aux nations les moyens de subsistance.

Depuis les premiers âges, la loi de l'histoire se résume en trois faits : dans tous les temps, dans tous les lieux, le peuple prospère, s'il est soumis à la constitution essentielle ; il souffre, s'il l'oublie ; et, s'il la viole formellement, il périt ou tombe au-dessous de l'animal sociable. En raison de sa disposition innée vers le mal, l'individu est toujours enclin à cette violation. En général, la constitution réprime cette tendance d'autant mieux que la société est plus simple, d'autant moins qu'elle est plus compliquée. A cet égard, on peut distinguer trois régimes principaux. Sous le premier, les familles simples, éparses et stables, sont représentées, avec leurs meilleurs traits, par les pasteurs de l'Orient et les pêcheurs-côtiers du Nord : le père y assure le respect de la constitution et donne à la prospérité commune les bases les plus solides. Sous le second régime, les familles compliquées et agglomérées, mais toujours stables, arrivent au même résultat, avec le concours du clergé et du souverain, intimement unis dans une commune pensée de paix. Enfin, sous le troisième régime, les familles continuent à se compliquer et à s'agglomérer : la subsistance devient difficile ; le père de famille, courbé sous le poids de son dur labeur, devient souvent incapable de pourvoir à l'enseignement de la loi morale et à la conquête du pain quotidien. Si, dans ce dernier cas, les classes dirigeantes ne suppléent pas à ces défaillances forcées des familles pauvres par un redoublement de sollicitude, la discorde, l'instabilité et les autres formes de la souffrance se manifestent de toutes parts.

Tant que la constitution essentielle n'est pas méprisée par les riches, les clergés et les gouvernants, cet état de souffrance est guérissable; mais quand elle tombe en oubli, la ruine de la société devient imminente (a). C'est dans ces conditions que se sont abîmées tant de races célèbres des anciens âges, après leurs grandes époques de prospérité. Considérés dans leur ensemble, les états européens ne sont point encore exposés à ces catastrophes; cependant ceux de l'Occident s'approchent rapidement du danger; et, dans cette marche funeste, la France devance tous ses émules. C'est notre malheureux pays, en effet, qui porte maintenant à ses limites extrêmes la discorde et l'instabilité.

Toutes les populations européennes justifient la doctrine qui signale la constitution essentielle comme la principale source du bonheur. Quatre régions (b), en particulier, donnent à ce sujet de précieux enseignements. Elles ne possèdent pas le bonheur complet des races simples, éparses et patriarcales; mais, en compliquant leurs moyens de subsistance, en s'agglomérant sur leur territoire et en multipliant les pouvoirs publics au-dessus de l'autorité paternelle, elles ont obtenu des avantages plus estimés par les contemporains. Elles sont devenues relative-

(a) I, iii, 4.     (b) I, iv, 9; v. 3.

ment riches, lettrées et puissantes; et elles sont
restées assez soumises à la constitution essentielle pour ne point abuser de ces dons. Cependant la modération n'est point naturelle aux
hommes; et elle s'épuise bientôt chez ceux qui
s'engagent dans la voie des nouveautés. Pour
les quatre races modèles, cette modération est
due surtout à la rigueur du climat, à la stérilité
du sol et à l'exiguïté du territoire, qui opposent
au succès des limites étroites. Cette explication
est justifiée par le développement sans mesure
que prennent trois grandes races d'hommes (a)
établies sur des territoires plus favorisés. Leurs
conquêtes ont embrassé, en moins de deux
siècles, le tiers du monde habitable. Ici encore
se fait sentir l'importance de la constitution essentielle : les conquérants qui l'ont le mieux
respectée sont ceux qui ont déchaîné sur l'humanité la moindre somme de maux.

## § 2

### L'HISTOIRE ET L'ÉTAT ACTUEL DE LA SOUFFRANCE CHEZ LE FRANÇAIS

L'histoire nous offre, dans les faits les plus
apparents et dans les événements les plus re-

(a) I, II, 3.

marqués, des variations infinies ; mais, au fond, c'est toujours le même spectacle. Depuis les premiers âges de l'humanité, les fortes races naissent, dans l'isolement, sous l'empire du Décalogue et de l'autorité paternelle (*a*). Éparses sur un territoire où les productions spontanées du sol et des eaux fournissent ce qui est indispensable à l'existence, où l'accumulation de la richesse est impossible, les familles, contentes de leur sort et dédaigneuses du changement, se perpétuent dans un état complet de simplicité et de vertu, de paix et de stabilité. Des millions d'hommes conservent de nos jours ces excellentes mœurs sur les rivages de la région boréale des deux continents et surtout dans les steppes de l'Asie centrale ; et ils y excitent encore l'admiration des voyageurs (*b*). C'est le sentiment qu'exprimèrent unanimement les poètes, les historiens et les géographes de l'ancienne Grèce, qui purent observer les ancêtres des pasteurs actuels sur les rivages du Palus Méotides, du Pont-Euxin, et même dans la vallée du Danube jusqu'à la Leitha (*c*).

Depuis les temps d'Homère, d'Hérodote et de Strabon, ces races simples et primitives ont été transformées ou refoulées, dans les régions peu

(*a*) I, iv, 4 et 5. == (*b*) I, ii, 2, 3. == (*c*) I, ii, 2.

accessibles du globe, par des initiatives et des tendances qui agissent encore aujourd'hui. Les marchands pénètrent les premiers chez les races simples (a), et, malgré la résistance des vieillards, font naitre le besoin de leurs produits chez les jeunes gens, les femmes et les enfants. Les conquérants viennent ensuite réclamer des territoires, fonder des entreprises et imposer des protectorats. Dans ces contacts prolongés, le goût des nouveautés devient irrésistible. Une fois engagés dans cette voie, les peuples ne s'arrêtent plus, ou, plus exactement, ils ne sont arrêtés que par les catastrophes (b). Cette transformation des races simples a été fréquente dans l'histoire; et elle ne saurait être condamnée en principe. Sous une excitation venue du dehors, on a vu des races simples devenir un juste sujet d'admiration, en développant leurs facultés. Après avoir amélioré leurs mœurs pour se rapprocher de Dieu, modèle de la perfection, elles ont voulu acquérir la richesse, pour lui élever un temple; la science, pour célébrer sa grandeur; la puissance, pour soumettre les infidèles à sa loi. J'ai rencontré dans mes voyages, chez les races simples, des hommes animés de ces sentiments. Mais ce que j'ai en

(a) I, ɪv, 10. ⸺ (b) I, ɪ, 1.

vain demandé aux historiens les plus savants, c'est la connaissance d'un peuple qui, après avoir ainsi conquis une renommée légitime, n'ait pas abusé de ces mêmes dons pour se dégrader ou se détruire. Nous voyons, il est vrai, en Europe quatre races prospères où ces abus sont conjurés par l'exiguïté des lieux. On n'a jamais vu, au contraire, une grande nation favorisée par le climat et le sol réunir trois conditions : posséder la richesse, sans exagérer les appétits sensuels; la science, sans se révolter contre Dieu; la puissance, sans opprimer les peuples voisins. Les grandes nations n'ont pas toujours péri, quand elles ont cessé de concilier ces trois avantages avec la pratique de la loi suprême; mais elles n'ont été ramenées à la prospérité que sous la salutaire influence des catastrophes nationales.

J'ai souvent indiqué, dans la Bibliothèque de la science sociale (a), comment les Français justifient, par leurs propres exemples, ces conclusions générales de l'histoire : comment ils ont prospéré par la soumission à Dieu et par les libéralités de la nature, sans pouvoir conjurer la marche vers la souffrance; comment ils ont souffert dans la corruption, puis dans les

(a) I, page II.

catastrophes en préparant le retour de la prospérité. Quelques lignes suffiront donc ici pour rappeler les principales alternances de bien et de mal qui ont précédé l'époque actuelle de souffrance.

Les premières années du règne de saint Louis (1226-1270) ont réparé, mieux que tout autre régime, les imperfections qui s'étaient transmises, d'âge en âge, avec les coutumes des anciens chasseurs de la Gaule (a). Ce fut alors que les Français respectèrent le mieux les deux fondements de la constitution essentielle. Secondée par la noblesse et le clergé, cette réforme fut surtout le résultat des admirables exemples donnés par le roi dans sa vie privée et de la scrupuleuse probité avec laquelle il se soumit, devant les États voisins, aux règles de la justice. Malheureusement, le bienfait des vertus du roi fut annulé, vers la fin du règne, par la souffrance émanant des deux croisades qu'il entreprit malgré l'avis de ses plus sages conseillers. Les germes du mal furent alors semés sous l'influence de trois causes principales : les chefs des meilleures familles laissèrent les femmes et les enfants exposés sans protection aux atteintes du vice originel; ils s'abandonnèrent eux-mêmes dans les camps à une cor-

(a) I, iv, 6.

ruption abominable ; enfin ceux qui survécurent
à ces funestes entreprises rapportèrent au ma-
noir paternel le luxe et les corruptions de l'empire d'Orient. Ces germes se développèrent avec
une force irrésistible, pendant les deux cents
années (1270-1470) qui suivirent la mort du
saint roi, jusqu'à la réforme qui commença une
ère nouvelle de prospérité pendant la seconde
partie du règne de Louis XI. Malgré les funestes
guerres d'Italie, cette période de prospérité relative se prolongea, pendant quarante-cinq années (1470-1515), jusqu'à la mort de Louis XII.
Deux causes amenèrent ce résultat : le souvenir des calamités déchaînées par la guerre de
Cent ans ; la réforme morale opérée, dans toute
la France, par le bon exemple donné, selon le
témoignage de Commines, par les grands propriétaires résidents, comme par l'esprit de réforme qui animait Louis XI (a). Depuis l'avène-
ment de François Ier jusqu'à la mort du dernier
Valois (1515-1589), la souffrance reprend des
proportions inouïes par trois causes principales : l'importation des corruptions italiennes
commencée par les armées de Charles VIII et
de Louis XII, puis complétée par l'alliance des

(a) « Vous sçavez bien le désir que j'ay de donner ordre au
fait de la justice et de la police du royaume ; et, pour ce faire,
il est besoin d'avoir la manière et les coutumes des autres pays. »
( Louis XI : *Lettre du 4 août 1479 au baron du Bouchage.*)

souverains français avec les Médicis; les guerres
civiles et les massacres inspirés par les discordes religieuses; enfin l'immixtion armée des
étrangers dans les affaires intérieures du pays.
Depuis la mort de Henri III jusqu'à la mort de
Mazarin (1589-1661) se développe une ère de
prospérité due surtout à la prudence de Henri IV,
aux vertus de Louis XIII, aux Édits de 1598 et
de 1629, qui rétablissent la paix entre les catholiques et les protestants, enfin au souvenir
des catastrophes de la Ligue. Cette époque mé-
morable engendre des talents de toute sorte,
des vertus exaltées jusqu'à la sainteté et une
urbanité sans précédents. Saisie d'admiration,
la haute société européenne adopte les idées, les
mœurs et le langage de la France.

L'époque actuelle de souffrance date de 1661,
c'est-à-dire de 217 années. J'ai souvent écrit
l'abrégé de cette lamentable histoire : je la résume encore ici en en signalant les derniers
résultats. La constitution essentielle est battue
en brèche par toutes les influences sociales.
L'œuvre de destruction, qui n'a point été encore
accomplie par les lois écrites, est continuée journellement par l'erreur fondamentale et les trois
faux dogmes de 1789 (a). C'est par ce fait et
par ces causes que s'expliquent le progrès in-

(a) I, v, 4: vi, 6.

cessant de la souffrance et les difficultés actuelles de la guérison. Cette vérité est tellement évidente, qu'elle apparaîtrait à tous les yeux, si nos cinq partis politiques renonçaient, pour un moment, aux haines et aux autres passions violentes qui atrophient en eux le patriotisme et le simple usage de la raison. Chaque parti trouverait aisément la conclusion que j'enseigne depuis 1855, après avoir reçu moi-même l'enseignement de cinq maîtres et de toutes les autorités sociales de l'Europe (a). Les Français sont en péril parce qu'ils sont divisés, comme ils le furent pendant les deux précédentes périodes de souffrance. La division est due, comme elle le fut alors, à la corruption des idées et des mœurs; mais le péril est plus grand, parce que l'opinion égarée se révolte contre les principes éternels qui, en présence des mêmes maux, assurèrent le salut de la patrie. Les Français souffriront beaucoup s'ils continuent à placer dans leur estime les erreurs qui engendrent la discorde, au-dessus des vérités qui ont toujours donné la paix. Dans cette situation, en effet, les calamités nationales demeurent imminentes; mais, après tant de maux qui ont affaibli notre constitution sociale, elles peuvent aussi en amener la ruine. Il faut

(a) I, ɪ, 5; xɪɪɪ, 2, 3.

donc condamner à la fois les « découragés »
qui voient dans les catastrophes l'unique moyen
de salut, et les « confiants » qui se croisent
les bras en attendant les miracles. Quant aux
« vaillants » qui sont prêts à se dévouer à la
réforme, je leur signale, dans les trois para-
graphes suivants, les moyens d'action dont
l'efficacité m'est, de plus en plus, démontrée
par mon expérience personnelle.

## § 3

### LES RESTES DE PROSPÉRITÉ CONSERVÉS PAR LES CONTEMPORAINS

De 1661 à 1789, la monarchie en décadence
a singulièrement affaibli les forces morales de
la France, celles surtout qui reposaient sur la
vertu et l'initiative des classes dirigeantes. Au
contraire, les classes éloignées de la cour
avaient gardé, en grande partie, les qualités
traditionnelles des Français. On en vit la preuve
dans les guerres de la révolution et de l'empire.
Les armées qui, par leur discipline et leurs
vertus, occupèrent momentanément la première
place en Europe, étaient formées d'hommes
dont les idées et les mœurs appartenaient exclusivement à l'ancien régime. Les fortes races
de paysans, parmi lesquelles se recrutaient les

meilleurs soldats, étaient même demeurées in-
tactes jusqu'à la fin de la restauration. J'en ai
trouvé encore, en 1856, d'admirables restes
dans les hautes vallées pyrénéennes; mais depuis lors, tout a été détruit sous les coups
réitérés portés aux petits domaines ruraux par
le partage forcé des héritages (a).

Dans la grande propriété, la destruction est
moins complète. Il n'y a plus de races locales; mais on rencontre toujours des individus
soumis aux bonnes traditions du passé. A mon
grand étonnement, je commence à les découvrir dans les lieux où pénètre notre Bibliothèque. Ils viennent de toutes parts nous re-
mercier d'avoir exprimé dans nos livres les
sentiments qui leur sont chers. Je compte parmi
eux cinq catégories principales de bons Français : des hommes dévoués à la religion nationale, mais étrangers aux défaillances qui en ont
réduit momentanément l'ascendant sur les esprits; des partisans de la souveraineté traditionnelle, déplorant la perte des garanties de bonheur qu'elle offrait au peuple sous saint Louis,
Louis XII et Louis XIII; des partisans de la souveraineté élective, prêts à recommencer l'œuvre
d'union qui, en 1850, amena la plus féconde

(a) 1, vii, 2 et xiii, 2.

réforme (a) opérée en France depuis l'Édit de
Nantes (1598) et l'Édit de grâce (1629); des réformateurs, de toute opinion, dévoués au réta-
blissement des institutions induement détruites
par la décadence de l'ancien régime et les vio-
lences de la révolution; enfin des propriétaires
fonciers qui, n'ayant point quitté, malgré les
révolutions, la résidence de leurs ancêtres, continuent à dévouer gratuitement leur vie aux
libertés traditionnelles de la famille, du voisinage, de la commune et de la province.

Ces hommes m'ont offert de grandes conso-
lations au milieu des dernières calamités nationales. Paralysés dans leurs tendances au bien
par les tyrannies locales qui pèsent sur eux depuis 217 années, ces restes précieux de l'ancienne France continuent à pourvoir aux deux
besoins essentiels des populations qui les en-
tourent : à la pratique de la loi morale, à la
possession du pain quotidien. Dès que la voie
qui conduit à la réforme sera sûrement tracée,
ils y figureront au premier rang.

(a) La liberté de l'enseignement secondaire (loi du 15 mars 1850),
élaborée par l'alliance des quatre partis réformistes-traditionnels, sous le ministère de M. le comte de Falloux , et sous l'im-
pulsion prépondérante de M. Thiers.

## § 4

### LES COUTUMES QUI PEUVENT GUÉRIR LA SOUFFRANCE ACTUELLE, PUIS RAMENER LA PROSPÉRITÉ

Le meilleur enseignement que je puisse offrir à mes concitoyens est de leur rappeler les réflexions qu'un sage illustre, Edmond Burke, adressa aux novateurs imprudents qui venaient d'aggraver, par la constitution de 1791, les effets de la révolution de 1789 (a). Ces réflexions démontrent que les peuples corrompus ne peuvent se réformer que par l'emploi simultané de deux moyens : le retour aux coutumes nationales des temps de prospérité; l'imitation des meilleurs modèles contemporains. Elles ne font, au surplus, que reproduire les opinions de Socrate, de Locke (b), de Bacon (c) et de Montesquieu, citées constamment dans mes écrits.

Sous la salutaire influence des catastrophes qui se prolongèrent, pendant neuf longs mois, jusqu'en mai 1871, l'Assemblée nationale pouvait opérer la réforme, poursuivie en vain depuis un siècle. Elle n'avait qu'à suivre les conseils de ces sages, et à s'inspirer des traditions

(a) I, ɪ, Épigraphe. == (b) I, ɪɪ, Épigraphe. == (c) I, ɪɪɪ, Épigraphe.

2*

établies par l'Assemblée de 1850. Malheureusement, elle a été réduite à l'impuissance par des
motifs compliqués qui restent des énigmes pour
nos amis étrangers et même pour beaucoup de
Français. A cet égard, notre pays est encore
dans une confusion inextricable; et je vais faire
un nouvel effort pour l'éclaircir dans le court
espace où je dois me renfermer.

En 1871, le problème était de restaurer la
Constitution essentielle. En attendant que les
partis politiques tombassent d'accord sur les
détails de la réforme, il fallait tout au moins
conserver les restes de cette constitution qui
avaient survécu au cataclysme de 1791-1793.
Les hommes qu'on accusait de vouloir détruire
ces restes étaient nommés « radicaux ». Ils
étaient relativement peu nombreux; et une en-
quête persévérante me prouve que l'opinion,
égarée par les rancunes politiques, classait
parmi eux de simples réformateurs. Au point
de vue du vrai problème social, l'immense majorité du pays et de l'Assemblée était uniquement composée de « conservateurs ». La solution du problème semblait donc être facile.

Malheureusement le mot « conservateur »
masquait de profonds dissentiments. Trois des
quatre partis, groupés sous ce nom, étaient
formés par les partisans des monarchies héré-

ditaires inaugurées en 1804, en 1815, en 1830
et en 1852. Ils admettaient implicitement que
la souveraineté de leur choix faisait partie de
« la constitution essentielle »; et, en cela, ils
commirent une erreur qui fut, en outre, une
faute et une maladresse. L'erreur est réfutée par
l'histoire entière, qui nous montre la prospérité
des races compatible avec les autres formes de
souveraineté. La faute de chaque parti monarchique consistait à rejeter les deux autres
dans l'alliance du quatrième parti, qui se con-
tentait du régime de souveraineté élective
ramené par la révolte du 4 septembre 1870 et
par les désastres qui l'ont suivie. Cette maladresse était surtout flagrante chez les partisans
de la monarchie traditionnelle. Ceux-ci, en
effet, étaient alors en majorité parmi les députés
qui inclinaient vers la monarchie : ils avaient
donc tout intérêt à restaurer d'abord la constitution essentielle, de concert avec le quatrième parti conservateur. La réforme sociale,
ainsi opérée par le concours des quatre partis
conservateurs, eût singulièrement fortifié les
chances de paix intérieure. La constitution de
décembre 1848 aurait été provisoirement réta-
blie avec les mêmes partis dirigés par d'autres
chefs. La jeunesse aurait continué de s'amé-
liorer rapidement sous l'influence de la loi du

15 mars 1850 (*a*). Enfin, une réforme plus
entière aurait impliqué l'abrogation complète
des lois immorales de la Terreur. Sous ce régime, les partis monarchiques restaient privés,
il est vrai, de leur satisfaction favorite; mais ce
résultat était la conséquence forcée de leurs
propres discordes. L'avenir n'était point com-
promis. Chaque parti pouvait augmenter ses
chances par ses exemples de talent et de
vertu (*b*); tous, d'ailleurs, pouvaient être peu
à peu fortifiés sous le poids des maux inhérents
à la pratique de la souveraineté élective. Au
surplus, le parti conservateur attaché à cette
forme de gouvernement s'inspire de la nécessité plus que d'une doctrine; et, dans le cas
où une opinion monarchique eût repris la pré-
pondérance dans le pays, ce parti devenait un
utile élément de restauration. Il serait, en
effet, plus enclin que les autres à réclamer des
garanties efficaces contre le retour des abus
qui ont déconsidéré la monarchie de l'ancien
régime en décadence et les quatre monarchies
essayées sous le régime nouveau.

En ce qui touche la forme de souveraineté,
la difficulté léguée par nos révolutions reste à
peu près ce qu'elle était en 1848 et en 1873. La

(*a*) I, v, 4. ═ (*b*) I, xii, 4.

solution est, en principe, celle qui fut adoptée
à ces deux époques ; mais pour être plus féconde, elle doit être fondée sur l'alliance du-
rable des quatre partis. Le succès dépend surtout de la résignation des partis monarchiques.
Pour l'obtenir, il n'est pas besoin de faire
appel à leur désintéressement et à leur patriotisme : il suffit de les conjurer d'ouvrir les
yeux à l'état présent de souffrance, puis de conclure selon les règles du simple bon sens.

En ce qui touche la réforme sociale, qui
deviendrait alors l'unique pensée et le but
commun de tous les conservateurs, la difficulté,
qui s'aggrave sans cesse, sera plus grande, du
moins au début de l'ère d'apaisement et d'action, qu'elle ne l'était en 1873. Les lois de la
Terreur, en se perpétuant, désorganisent notre
race. Elles ne sapent pas seulement, dans les
âmes, l'autorité de Dieu et du père : elles y
substituent la croyance à « la liberté systéma-
tique », à « l'égalité providentielle » et au « droit
de révolte » (a). L'opinion publique des Français est infectée de ces croyances et faussée
par les pratiques dangereuses qui en dérivent.
Cependant nos erreurs dominantes sont con-
damnées par les sages que vénèrent tous les

(a) I, v, 4; vi, 6.

historiens. Elles sont réfutées dans les six volumes des *Ouvriers européens*, par les faits qu'a
révélés, pendant un demi-siècle, la méthode
d'observation. En appliquant la même méthode,
chacun peut établir cette réfutation sous toute
autre forme. Si, malgré l'influence salutaire des
calamités nationales, la vérité n'est encore ré-
tablie, sur ce point, que pour quelques milliers
de personnes, c'est que les esprits ont été, en
quelque sorte, ahuris par les débats incessants
de la politique. Elle se ferait jour, au contraire,
si les chefs de parti concentraient l'attention
de leurs adhérents sur la Constitution essentielle, c'est-à-dire sur l'unique moyen de salut.

L'époque actuelle d'hésitation pourrait être
abrégée si les quatre partis, cessant de lutter
pour la forme du gouvernement, renonçaient à
se désigner par des dénominations qui devien-
draient impropres. Ils pourraient alors se grou-
per sous le nom commun de « réformistes ».
Les partis monarchiques ne laisseraient plus
croire qu'ils veulent « conserver » les abus de
leur passé. Dès que la souveraineté élective ne
serait plus en question, le nom de « répu-
blicain » ne conviendrait pas à ses partisans
plus que le nom de « royaliste » à l'un des
partis politiques de l'Angleterre; et le nom de
réformiste assignerait un but louable à l'éta-

blissement d'une forme de gouvernement, peu recommandée jusqu'à ce jour par le succès. Assurément, il ne faut pas, en ces matières, s'exagérer l'importance des mots. Cependant il serait utile de rappeler à la France, dans le langage usuel de la politique, qu'elle n'a plus que deux partis : les réformistes, amis de la paix; les « politiciens », promoteurs de la discorde.

## § 5

### LES SYMPTÔMES RÉCENTS DE GUÉRISON

Je ne vois qu'un criterium sûr pour juger les hommes et les choses dans un pays divisé, comme l'est aujourd'hui la France, par la lutte des sentiments et des intérêts. Les « bons » sont ceux qui apaisent les divisions; les « mauvais », ceux qui les aggravent. Le bien, c'est la paix; le mal, c'est la discorde.

A ce point de vue, je n'ai ressenti que des mécomptes pendant les trois années qui ont suivi la convocation de l'Assemblée nationale élue en février 1871. Pendant cette triste époque, l'œuvre du salut fut complètement paralysée par des conflits lamentables. On put alors constater qu'à la suite des grandes cala-

mités nationales, et au milieu de divisions sécu-
laires, le pire des maux est l'absence de la
responsabilité personnelle incarnée dans un
homme.

Humiliés du résultat constaté en novembre
1873, et cependant plus divisés que jamais,
beaucoup de particuliers entreprirent alors de
remédier, par des initiatives privées, à l'impuissance de leurs mandataires publics. Ces
entreprises se sont morcelées à l'infini, pour
répondre à la diversité des opinions propagées
en France, depuis 1762, par des erreurs fla-
grantes et par des vérités incomplètes. Les
efforts qui procèdent de l'erreur échouent rapidement sous nos yeux. Ceux qui s'inspirent
d'une vérité éternelle ne peuvent compter sur
un succès immédiat dans un pays désorganisé
par 217 années de corruption, et surtout par
116 années d'erreur. Toutefois, la guérison du
mal actuel se manifeste déjà, aux observateurs
attentifs, par des symptômes qui deviennent
chaque jour plus apparents.

Quatre milliers d'hommes, appartenant à tous
les partis politiques et à toutes les conditions
sociales, se dévouent à restaurer la Constitution
essentielle. Sur ce nombre, un tiers environ
s'est constitué en *Unions locales*. En France,
comme à l'étranger, ils restent unis parce qu'ils

écartent tout débat sur les nationalités, les religions et les souverainetés (*a*). Depuis une quinzaine d'années, je vois se multiplier près de moi, dans la classe riche et lettrée, une jeunesse qui tranche beaucoup, par ses mœurs et ses idées, avec le groupe d'étudiants parisiens auquel je vins me réunir, en 1824, quand je quittai ma province (*b*). Les jeunes gens dont je parle ici sortent en général des établissements qu'a fait renaître la loi du 15 mars 1850. Ils sont le produit de cette bienfaisante émulation (*c*), que le grand ministre de Louis XIII considérait comme le criterium d'un bon régime d'éducation publique. Ils ont reçu de leurs maîtres l'initiation aux principes de la Constitution essentielle : ils sont préparés à pratiquer les coutumes qui en dérivent chez tous les peuples stables et prospères. Quand cette jeunesse aura pris son rang dans la direction des affaires publiques, elle constituera le vrai personnel de la réforme.

Je vois un symptôme rassurant dans les nouvelles tendances des propriétaires ruraux, qui reviennent aux habitudes de résidence conservées en Angleterre, comme dans les États allemands et scandinaves. Ce retour à la tradition

(*a*) I, xiv, 1. ⸗ (*b*) I, 1, 4. ⸗ (*c*) I, v, 4.

de toutes les fortes races européennes provoque peu à peu la restauration de la Constitution essentielle. Il deviendra pour la France un puissant élément de régénération, dès que nos gouvernants rompront enfin avec les habitudes tyranniques, les tendances perfides et les procédés immoraux dont Colbert a été le principal fondateur (a). Sous le régime de Louis XII, ébranlé par la corruption des derniers Valois, toléré par Henri IV, sapé par Richelieu et Mazarin, détruit par Louis XIV, les propriétaires ruraux trouvaient, sur leurs domaines, les légitimes satisfactions nécessaires aux âmes élevées. Pouvant acquérir l'influence rurale par leurs services et leurs vertus, ils n'étaient pas réduits à la nécessité de dépenser une activité malsaine dans l'oisiveté et la corruption des villes. En attendant les réformes nécessaires, les propriétaires d'ancienne race, et ceux que crée le commerce, cultivent leurs domaines pour se rendre dignes de gouverner les campagnes. Les lauréats des concours agricoles seront tout d'abord les auxiliaires des hommes d'État, qui voudront bien restituer les anciennes franchises aux communes, aux départements et aux provinces. Les propriétaires, ramenés aux champs

(a) I, v, 4.

par les calamités nationales, préparent d'ailleurs cet avenir autant qu'il dépend d'eux. Ils rendent à quelques-unes de nos campagnes les éléments de prospérité qu'on admire en d'autres contrées : les bonnes méthodes de travail enseignées par l'exemple aux paysans et aux bordiers (a) ; les habitudes d'urbanité et de culture intellectuelle ; l'hospitalité exercée dignement envers les classes libérales de la France et de l'étranger.

Les grandes villes continuent à exercer leur action délétère sur les campagnes. Le mal apparaît à tous les yeux clairvoyants ; mais personne ne songe encore à y porter remède. Cependant les dernières catastrophes ont amené certaines compensations. Les grands propriétaires commencent à reprendre les anciennes habitudes de résidence, imposées par les devoirs qu'ils ont à remplir envers les populations. L'esprit de patronage renaît çà et là dans les manufactures rurales et urbaines ; et il a pour symptôme principal le retour à la permanence des engagements.

Paris lui-même devient le principal siège des initiatives de réforme dues aux particuliers. Des religieux et des laïques, des hommes faits et

(a) I, ɪv, 8.

des jeunes gens, des écoles spéciales et de simples foyers domestiques ont entrepris des œuvres d'amélioration sociale dont l'action s'étend au loin. Ces groupes réformistes sont, il est vrai, situés dans un milieu malsain; mais loin d'en souffrir, ils sont excités au bien par le triste spectacle que leur offrent les populations entraînées vers le mal. Ils ont pour programme l'union des hommes de bonne volonté, de ceux surtout qui croient en Dieu et en sa loi. Ils n'espèrent point que cette union puisse se produire prochainement dans les dogmes et les rites du culte; mais ils s'appliquent à l'obtenir en ce qui touche la Constitution essentielle et les coutumes indispensables au bonheur temporel des sociétés. Ils donnent des exemples utiles aux provinciaux et aux étrangers qui assistent à leurs travaux. Si ce mouvement salutaire pouvait se développer et s'affermir, les étrangers reviendraient, comme aux temps de Vincent de Paul, de Descartes et de Condé, chercher des modèles dans notre capitale : Paris guérirait, en Europe, les maux qu'il y a causés.

# DOCUMENTS ANNEXÉS

# SOMMAIRE

## DES DOCUMENTS ANNEXÉS

# PIÈCE I

# VOCABULAIRE SOCIAL

Annexé aux *Ouvriers européens* pour distinguer les mots, bien définis, nécessaires à l'enseignement des vérités éternelles, d'avec les mots, mal définis, dont on abuse pour propager les erreurs contemporaines.

(EXTRAITS)

ABUS DES MOTS. — Corruption du langage qui propage l'erreur par deux moyens principaux : par le seul énoncé d'un mot détourné du sens qu'il avait aux époques de Prospérité; par l'introduction d'un mot non défini. De notre temps, l'abus a souvent porté sur les mots Civilisation, Égalité, Liberté, Progrès.

AUTORITÉ PATERNELLE. — L'un des quatre éléments moraux de l'édifice social. L'agent délégué par Dieu pour assurer la pratique du Décalogue et le règne de la Paix sociale. Le pouvoir unique chez les races simples; le premier degré du pouvoir chez les races compliquées. Il a deux caractères : l'un privé, dans la Famille; l'autre public, dans le Voisinage.

BESOINS ESSENTIELS. — Ces besoins sont au nombre de deux : le règne de la vie morale, et la possession du pain quotidien. Ils ne sont satisfaits que par l'obéissance à la Constitution essentielle.

CIVILISATION. — Mot vague et inutile, s'il exprime simplement l'état d'un peuple qui s'agglomère en bâtissant des villes vouées à l'industrie manufacturière ou à la culture des arts, des sciences et des lettres. Il est faux et dangereux, s'il implique l'idée que cette agglo-mération offre le modèle du bien et l'exemple du bonheur.

COMMUNAUTÉ. — L'un des trois éléments matériels de l'édifice social. Mode de possession dans lequel l'usage du sol est partagé entre les familles d'un Voisinage.

CONSTITUTION ESSENTIELLE. — Ensemble des idées, des mœurs et des institutions qui satisfont les deux Besoins essentiels de l'homme. Une société établie sur un grand territoire peut être assimilée à un édifice comprenant sept éléments indispensables, savoir : deux *fondements*, le Décalogue et l'Autorité paternelle; deux *ciments*, la Religion et la Souveraineté; trois *matériaux*, la possession du sol sous ses trois formes (réunies ou séparées), la Communauté, la Propriété individuelle et le Patronage.

DÉCALOGUE. — L'un des quatre éléments moraux de l'édifice social. Réunion des dix préceptes de la loi morale. Toutes les races modèles ont cru et croient encore qu'il a été révélé par Dieu au premier homme. Les peuples ont prospéré, souffert, ou péri, selon qu'ils en ont respecté, négligé ou méprisé la pratique.

ÉGALITÉ. — Mot dont le sens légitime est fixé par les Coutumes dérivées de la Constitution essentielle chez les peuples prospères. On en abuse aujourd'hui pour masquer la loi d'inégalité établie par Dieu, démontrée par l'observation des faits sociaux, développée par l'usage du libre arbitre, et indispensable au bon ordre des sociétés.

FAMILLE. — L'unité sociale comprenant les personnes vivant au même foyer. Elle présente trois types, correspondant à trois formes de société.

*Famille patriarcale.* Stable à son foyer, fidèle à la tradition. Elle garde d'abord près des parents tous les fils mariés. Quand l'habitation et la subsistance deviennent insuffisantes, elle favorise l'émigration en groupes de ménages dotés par la maison-mère.

*Famille-souche.* Stable à son foyer, alliant la tradition et la nouveauté. Les parents gardent et marient seulement près d'eux l'enfant qu'ils instituent *héritier-associé.* Les autres enfants qui veulent se marier émigrent séparément, pourvus de dots formées par la totalité des produits épargnés par la maison-souche.

*Famille instable.* Peu attachée à son foyer, inclinant vers la nouveauté. Elle se forme par le mariage des parents, s'accroît par les naissances, puis s'amoindrit par les émigrations successives des enfants, et se dissout par la mort des parents et la division de leur héritage.

LIBERTÉ. — Mot qui exprime l'emploi de certaines facultés légitimes, mais dont on abuse souvent pour louer des idées ou des actes condamnés par les Coutumes dérivées de la Constitution essentielle chez les peuples prospères.

PATRONAGE. — L'un des trois éléments matériels de l'édifice social. Mode de possession dans lequel l'usage du sol est attribué, en tout ou en partie, moyennant redevance, à diverses classes de tenanciers.

PROGRÈS. — Expression employée à tort, sous la forme absolue « le progrès », pour affirmer que l'humanité se perfectionnerait sans cesse, en vertu d'une loi fatale, quel que fût l'usage du libre arbitre.

PROPRIÉTÉ INDIVIDUELLE. — L'un des trois éléments matériels de l'édifice social. Mode de possession dans lequel l'usage du sol est attribué exclusivement à une famille.

PROSPÉRITÉ. — Résultat produit au sein des sociétés par l'action réitérée du bien. Elle se manifeste surtout par la paix et la stabilité.

RELIGION. — L'un des quatre éléments moraux de l'édifice social. Ensemble des dogmes et des rites qui secondent, par l'exercice du culte, l'Autorité paternelle, en ce qui touche la pratique du Décalogue et le règne de la Paix sociale.

SOUFFRANCE. — Résultat produit au sein des sociétés par l'action réitérée du mal. Elle se manifeste surtout par la discorde et l'instabilité.

SOUVERAINETÉ. — L'un des quatre éléments moraux de l'édifice social. Le pouvoir supérieur qui, d'accord avec la Religion, seconde par la justice et la force l'Autorité paternelle, en ce qui touche la pratique du Décalogue et le règne de la Paix sociale.

VOISINAGE. — Petit groupe de familles rurales ou urbaines, rapprochées journellement par des rapports d'intérêt ou d'amitié.

# LES UNIONS DE LA PAIX SOCIALE

### ET

## LE COMITÉ DE LA BIBLIOTHÈQUE

### AU 1er MARS 1879

---

## I. Les Unions de la paix sociale.

### § 1er. — BUT DES UNIONS

Les *Unions de la paix sociale* sont fondées pour organiser l'étude comparée des constitutions sociales de tous les lieux et de tous les temps, avec le concours de l'histoire, de la géographie et des autres sciences qui se rapportent à l'homme vivant en société. Elles feront pour les *Monographies de sociétés* ce que l'Auteur des *Ouvriers européens* a fait pour les *Monographies de familles*. En attendant, elles donneront toute la publicité possible aux ouvrages composant la Bibliothèque sociale.

Les Unions se sont rapidement développées depuis 1871, en France et à l'étranger. Elles comprennent, au 1er mars 1879, plus de douze cents membres. L'expérience acquise démontre qu'il n'y a pas de limites au nombre des institutions de ce genre qui peuvent être utilement créées. On verra un jour s'élever des Unions chez toutes les nations, les provinces et les communes, où quelques hommes animés de l'esprit scientifique rechercheront, par les exemples de leurs ancêtres et de leurs voisins, comment on peut conserver le règne de la paix, éviter la corruption et accomplir les réformes. Ces Unions nationales ou locales naissent et vivent déjà dans un état d'indépendance réciproque; mais il est à présumer qu'elles se concerteront souvent pour sé prêter un mutuel appui.

### § 2. — ATTRIBUTIONS ET DEVOIRS DES UNIONS LOCALES

Chaque Union locale fait appel à deux sortes de membres collaborateurs : les *Fondateurs* et les *Titulaires*. Les Fondateurs fournissent les sommes qui pourvoient aux modiques frais généraux de cette Union; ils payent une cotisation annuelle dont le minimum est fixé à 50 francs.

Les Titulaires répandent les ouvrages de la Bibliothèque; ils payent une cotisation annuelle dont le minimum est fixé a 10 francs, et ils reçoivent en retour une valeur équivalente en ouvrages livrés, au prix de revient ou au-dessous, par le Comité de la Bibliothèque. En outre, les deux catégories de membres français ou étrangers sont mis en mesure de se concerter directement, selon leurs propres convenances, en vue de concourir au but des Unions. Pour rendre ce concours plus facile, le Comité de la Bibliothèque rédige, chaque année, un *Annuaire* où se trouve, avec le précis des travaux des Unions, une liste donnant le nom, la qualité et l'adresse des membres qui ont adhéré pendant l'année précédente.

Les membres qui n'ont ni loisirs soutenus, ni relations éloignées, enseignent tout au moins, par des distributions de livres, les coutumes tradition- nelles de la paix sociale aux petits cercles d'activité ayant pour centres le foyer, l'atelier et le voisinage. Au sein de nos familles divisées par l'erreur et la haine, l'aumône des vérités, qui restaurent la paix dans les esprits, est aussi nécessaire que l'aumône des aliments, qui pourvoient à la nourriture du corps.

## II. Le Comité de la Bibliothèque.

### § 1er. — ORIGINE ET ÉTAT ACTUEL DE LA BIBLIOTHÈQUE

De 1855 à 1879, les ouvrages composant cette Bibliothèque ont été publiés sous divers formats, avec le concours de plusieurs éditeurs. Dès cette première époque, le principal auteur se préoccupa uniquement d'en encourager la propagation par l'attrait du bon marché : renonçant à tout prélève- ment sur les ventes, il se borna, dans tous les traités, à exprimer le vœu que les prix fussent réduits au- tant que le permettaient les nécessités du commerce.

En 1869, les lecteurs habituels de la Bibliothèque commencèrent à émettre l'opinion que l'enseigne- ment déjà constitué pourrait être utile à la réforme sociale de l'Occident. L'idée de fonder sur cet en- seignement les *Unions de la paix sociale* se fit jour de toutes parts. C'est dans ces circonstances que les éditeurs actuels de la Bibliothèque vinrent offrir un concours absolument désintéressé. Il fut con- venu que les Éditeurs comme les Auteurs s'interdiraient tous profits personnels; et que si de tels profits se produisaient éventuellement, il en serait fait remise au Trésorier du Comité. Celui-ci, de son côté, réduirait d'autant, en certains cas, le prix des ouvrages cédés aux membres des *Unions locales*.

### § 2. — ORGANISATION DU COMITÉ

Le Comité de la Bibliothèque, institué en 1869, préside à l'examen et aux éditions successives des ouvrages qui sont livrés au public par les libraires, et aux Unions de la paix sociale par son Trésorier. Il est formé par les auteurs, les éditeurs, le trésorier et le secrétaire. Il peut être complété par les membres *Fondateurs* qui proposent de lui apporter leur concours.

Le Comité de la Bibliothèque se fait un devoir d'assister les Unions locales qui veulent bien réclamer ses conseils pour propager la connaissance des faits sociaux et notamment des constitutions sociales. Il rappelle toutefois que ce concours n'est acquis qu'aux personnes qui se croient tenues d'établir la vérité par « la méthode d'observation ».

Les lettres concernant l'envoi des cotisations et les demandes d'ouvrages doivent être adressées *franco à M. Dupont, trésorier du Comité, rue du Rocher, 34, Paris.*

Les lettres concernant les travaux de l'*Annuaire* doivent être adressées *franco à M. A. Delaire, secrétaire du Comité, place Saint-Sulpice, 6.*

# PIÈCE III

## JUGEMENTS SUR LA BIBLIOTHÈQUE

### ÉMIS EN ANGLETERRE, EN ALLEMAGNE ET EN FRANCE
### (EXTRAITS SOMMAIRES)

---

## ANGLETERRE

Extrait de la revue anglaise dite *Saturday Review* (5 juin et 23 décembre 1871).

« Devant le spectacle inouï que nous offre la na-
« tion française, on se demande si quelqu'un a pu
« prévoir et prédire l'étrange et triste chute de ce
« grand peuple, tombant au moment où il semblait
« jouir, dans l'ordre matériel, d'une prospérité
« exceptionnelle. Nous ne parlons pas d'une de ces
« prédictions habituelles aux moralistes et aux pré-
« dicateurs; nous signalons un ouvrage rationnel
« et sérieux où les causes de la chute soudaine
« d'une des premières nations du monde, alors
« qu'elles étaient encore dissimulées sous des appa-
« rences de force et de succès, auraient été décou-
« vertes et démontrées distinctement par un esprit
« calme et pénétrant, que l'imagination ne guidait
« pas... Il y a un ouvrage qui répond à notre ques-
« tion; c'est la *Réforme sociale*, publiée par M. Le
« Play dès 1864... »

Après avoir fortement constaté le caractère et la valeur scientifique de M. Le Play, ses longs travaux, ses voyages, sa vie d'observation, les résultats puissants auxquels il est parvenu, l'écrivain anglais montre M. Le Play tournant vers l'état de la France son esprit de comparaison et de critique; il ajoute : « Cette longue étude de la société fran-
« çaise le conduisit à condamner vivement la situa-
« tion de son pays. Il exposa, d'une manière claire
« et nette, les motifs de cette condamnation; et il
« exprima pour l'avenir les plus sérieuses inquié-
« tudes. Appréciant à leur juste valeur les théories
« abstraites et les remèdes héroïques auxquels l'opi-
« nion, en France, se confie volontiers, il ne pou-
« vait espérer de guérison que dans une réaction
« morale, énergique et incessante. »

L'auteur de l'article revient ailleurs sur la même idée : « En 1864, dit-il, dans un moment de grande
« prospérité, alors que personne ne songeait au
« danger, M. Le Play entreprit d'indiquer à ses
« concitoyens les périls auxquels la société française
« était exposée. Ces périls n'étaient pas du genre de
« ceux sur lesquels les ennemis du système im-
« périal aimaient à s'appesantir... Les maux sur
« lesquels M. Le Play insistait sont ceux qui at-
« taquent les caractères et les idées : ce sont les
« coutumes vicieuses gouvernant les classes élevées
« aussi bien que les classes inférieures, pervertis-
« sant leur esprit, affaiblissant leurs facultés et
« leurs forces. »

Et ailleurs : « Selon M. Le Play, aucun change-
« ment de gouvernement, aucune violente révolu-
« tion ne peut délivrer la France des deux maux
« qui l'affectent principalement, maux qui ne sau-
« raient être guéris que par une amélioration lente,
« profonde, continue, dans le caractère, les opi-
« nions et les coutumes du corps social tout
« entier. »

Ailleurs encore : « M. Le Play ne pense pas que
« ces maux puissent être attribués exclusivement à
« certaines formes de gouvernement ou à des con-
« stitutions défectueuses; il leur découvre d'autres
« causes, plus profondes; et ces causes, presque
« invisibles, mais puissantes et toujours agissantes,
« il les constate et les signale à l'aide des lumières
« que lui fournissent l'examen attentif des faits et
« la comparaison de la société française avec les
« conditions sociales et les usages d'autres na-
« tions. » L'auteur de l'article énumère, à ce pro-
pos, quelques-unes des idées fausses dont M. Le
Play voudrait guérir ses compatriotes : c'est tour à
tour la confiance exagérée que l'on fonde sur les
progrès des sciences et ceux de l'industrie; l'erreur
où l'on est que de pareils progrès puissent tenir
lieu d'un bon état moral, qu'ils puissent même
survivre à la perte de la moralité publique; c'est
encore l'ignorance où l'on est, en France, des
vraies traditions historiques du pays. Il signale
plusieurs conséquences funestes de ces erreurs,
notamment les chimériques entreprises de réaction

contre des abus, des antagonismes de classes qui
n'ont pas existé; l'oubli ou l'abandon des principes et des institutions les plus salutaires, qui
assurent ailleurs le bien-être et la liberté des populations. -

Il faudrait reproduire tout l'article du *Saturday
Review*, si l'on voulait donner une idée complète
des formes variées par lesquelles l'écrivain anglais
exprime son étonnement de trouver, en M. Le Play,
un auteur qui avait si sûrement analysé et averti
la société française. L'article se termine ainsi : « Si
« nous avions étudié ce livre il y a sept ans, nous
« aurions sans doute été frappés de la grande pers-
« picacité dont M. Le Play fait preuve en indiquant
« si clairement la plupart des plaies et des faiblesses
« de la France. Nous aurions compris, notamment,
« que les mariages tardifs et stériles, le partage
« forcé des héritages, l'éducation vicieuse de la
« jeunesse, les idées fausses sur le régime du tra-
« vail, pouvaient, à la longue, amener une cata-
« strophe. Mais nous aurions supposé qu'il n'avait
« pas suffisamment aperçu certaines influences qui,
« à son insu, faisaient contrepoids et conservaient
« à la France sa force et sa vigueur, malgré les
« vices évidents de son état social... »

L'écrivain anglais insiste, dans son second article, sur plusieurs de ses jugements. Il admire surtout le courage avec lequel l'Auteur combat les
erreurs de ses concitoyens, et rappelle ceux-ci à
l'observation du Décalogue. Selon lui, M. Le Play a

été bien inspiré en attribuant la décadence de son pays à la violation de la triple loi du respect dû « à « Dieu, source de toute autorité ; au père, son dé- « légué dans la famille ; à la femme, lien d'amour « entre tous les membres de la communauté ». L'é- crivain conclut en recommandant l'étude des ou- vrages de M. Le Play à « ceux qui ont charge du « bien-être de l'Angleterre ».

## ALLEMAGNE

Extraits de la *Revue trimestrielle allemande* ( Deutsche Vierteljahrschrift, 1865, Heft IV, 2. Nr. CXII ).

M. le docteur Schæffle, professeur à l'université de Tubingen, et depuis ministre du commerce de S. M. l'empereur d'Autriche, commence son article en exprimant sa surprise. Il s'étonne de ne pas trou- ver, dans la *Réforme sociale*, écrite par un Fran- çais, « des théories enfantines, mal digérées, pré- « tendant improviser le bonheur de l'humanité, la « transformation de la société..., des mots vides, « des phrases brillantes..., un plan de réforme bâclé « en une heure ; » mais bien, tout au contraire, « le « résultat mûri d'une foule d'études de détail, fon- « dées sur l'expérience et les faits, » aussi opposées « à l'esprit de réaction qu'à l'esprit de révolution. » M. Schæffle, abordant les opinions propres aux Au- torités sociales, fait honneur à M. Le Play de la manière dont il expose leur doctrine, de l'érudition abondante et sûre qu'il apporte à l'appui de ses propositions. Il se montre particulièrement touché de la partie relative à la famille. « Il est rare, dit-il en « terminant, de rencontrer un écrivain adonné aux « questions sociales, qui soit à la fois le partisan de « l'industrie et d'une religion positive, l'adversaire « de la phraséologie sceptique et de la corruption « intellectuelle, le défenseur des forces morales, et « enfin le partisan de la méthode expérimentale, « dans la critique du matérialisme moderne. Il est « plus rare encore de trouver un auteur chez lequel « ces sages principes soient le résultat de trente « années d'étude. »

M. le docteur Schæffle place à la fin de son article une longue énumération des réformes réclamées dans l'ouvrage qu'il analyse; et il loue M. Le Play d'avoir déclaré que le changement des institutions devait marcher de front avec la rectification des idées et le perfectionnement des mœurs.

Opinion émise par M. Wilhelm Roscher, dans l'ouvrage intitulé : *Geschichte der national œconomik in Deutschland*, grand in-8°, 1875; Munich, chez Oldenbourg.

M. W. Roscher, conseiller intime de la cour de Saxe, ancien recteur de l'Université de Leipsick, y professe depuis un demi-siècle l'économie politique. Il s'est acquis en Allemagne une haute renommée

en donnant pour bases à son enseignement l'étude
de l'histoire et l'observation des peuples contemporains. Dans l'ouvrage cité ci-dessus, l'auteur critique les écrivains qui s'inspirent, avec exagération,
de l'esprit de nouveauté. Il loue, chez le savant
Suisse C.-L. de Haller, la droiture et la direction
logique des idées, la ténacité et l'énergie avec lesquelles il a combattu, pendant un demi-siècle, le
Contrat social de J.-J. Rousseau, le naturalisme
avec les autres théories matérialistes et, en général,
les dangereuses nouveautés importées du dehors
dans son pays. M. W. Roscher termine ce long
exposé par cette conclusion : « C'est en vain qu'on
« chercherait aujourd'hui en Allemagne une œuvre
« de réforme aussi importante et aussi logique que
« celle qui fut accomplie par de Haller jusqu'en
« 1854. Les hommes de tradition n'y ont rien pro-
« duit qui puisse être comparé à la *Réforme so-*
« *ciale*, publiée, en 1864, par M. F. Le Play, qui
« est à la fois un esprit profond, modéré et pra-
« tique. »


## EXTRAITS DE FEUILLES PÉRIODIQUES

Les *Feuilles chrétiennes sociales* de Neuss (Prov.
rhén.) publient (1869, n° 10, p. 145-152) le rapport
fait à la réunion des évêques catholiques allemands
à Fulda, par Mgr Ketteler, évêque de Mayence. Le
savant évêque recommande, comme un modèle, le
cadre adopté à l'Exposition universelle de 1867,

pour recompenser les mérites sociaux, selòn les in-
dications de la Bibliothèque sociale.

Les mêmes feuilles publient (1870, n° 5, p. 77-78)
une analyse de l'ouvrage publié par M. Le Play,
sous le titre : *l'Organisation du travail*. Elles dé-
clarent cet ouvrage « plein de richesse et excellent ».

La *Patrie* de Vienne (*Vaterland*), dans un long
article sur M. F. Le Play, le loue de résumer ainsi
sa méthode de réforme : « restaurer les bonnes cou-
« tumes nationales, et imiter les meilleures cou-
« tumes étrangères. » (N° du 9 octobre 1878.)
Le même journal loue également cet autre axiome :
« l'esprit de nouveauté est aussi stérile dans le
« monde moral qu'il est fécond dans le monde
« physique ». — Puis il ajoute les réflexions sui-
vantes : — « Il est digne de remarque que M. Le
« Play, savant de premier ordre, qui a si bien mis
« en lumière les progrès matériels, dans l'Exposi-
« tion universelle de 1867 qu'il a dirigée comme
« Commissaire général, proclame de pareils prin-
« cipes. Pourquoi les catholiques n'accepteraient-ils
« pas des principes aussi profondément chrétiens ?
« Pourquoi ne les propageraient-ils pas, puisque la
« tâche la plus urgente de l'Église consiste à ré-
« former les mœurs de ses enfants et à les protéger
« contre l'exagération du bien-être matériel ? Ces
« principes sont conformes au simple bon sens.
« M. Le Play les a déduits d'une méthode d'obser-

« vation consciencieuse et impartiale ; et il a été
« ainsi préservé des aberrations libérales. »

# FRANCE

### Les *NOUVEAUX LUNDIS,* par Sainte-Beuve

Sainte-Beuve, dès l'apparition des *Ouvriers européens* et de la *Réforme sociale*, a consacré à ces
ouvrages plusieurs articles, insérés plus tard dans
les *Nouveaux Lundis* (t. IX, 1867, p. 61 à 201).

Il décrit en détail les nombreux voyages, les longs
travaux et la méthode de M. Le Play, « esprit exact,
« sévère, pénétrant, exigeant avec lui-même..., l'un
« de ces hommes rares chez qui la conscience en
« tout est un besoin de première nécessité, et dont le
« plus grand plaisir comme la récompense est dans
« la poursuite même d'un travail... »

Il félicite l'auteur d'avoir pris pour point de départ de ses travaux cette forte constitution de la
famille « où l'ouvrier a la propriété de son habita-
« tion, où la mère de famille n'est pas obligée d'aller
« travailler chez les autres, où elle siège et trône,
« en quelque sorte, au foyer domestique, où elle est
« souverainement respectée, où les vertus naissent,
« s'entretiennent, se graduent d'elles-mêmes autour
« d'elle... »

Il approuve, en admirant leur précision ana-
lytique, « ces monographies exactes et complètes
« qui ne laissent rien à désirer et qui sont d'excel-

« lentes esquises à la plume... Jamais la statis-
« tique n'avait encore été traitée de la sorte ni ser-
« rée d'aussi près, de manière à rendre tous les
« enseignements qu'elle contient, et rien que ce
« qu'elle contient. Doué d'un esprit de suite, de te-
« neur et de patience incroyable, obstiné et même
« acharné à mener son idée à fin et à la pousser
« aussi loin que possible, M. Le Play, en rassem-
« blant les éléments du problème social, a fait un
« premier ouvrage qui, sans parti pris, est un mo-
« dèle et qui devrait être une leçon pour tous les
« réformateurs, en leur montrant par quelle série
« d'études préparatoires, par quelles observations
« et comparaisons multipliées il convient de passer
« avant d'oser se faire un avis et de conclure. »

Après les *Ouvriers européens*, Sainte-Beuve étudie
la *Réforme sociale*. Il s'étonne parfois que l'auteur
voie certaines réformes dans le retour au passé.
Néanmoins il nomme M. Le Play « un Bonald ra-
« jeuni, progressif et scientifique... Il est, dit-il,
« d'une génération toute nouvelle; il est l'homme de
« la société moderne par excellence, nourri de sa vie,
« élevé dans son progrès, dans ses sciences et dans
« leurs applications, de la lignée des fils de Monge
« et de Berthollet; et s'il a conçu la pensée d'une
« réforme, ce n'est qu'à la suite de l'expérience et
« en combinant les voies et moyens qu'il propose
« avec toutes les forces vives de la civilisation ac-
« tuelle, sans prétendre en étouffer ni en refouler
« le développement. Toutefois il a vu des plaies, il

« les a sondées, il a cru découvrir des dangers pour
« l'avenir et, à certains égards, des principes de
« décadence si l'on n'y avisait et si l'on n'y portait
« remède; et non seulement en bon citoyen il pousse
« un cri d'alarme, non seulement il avertit, mais en
« savant, en homme pratique, muni de toutes les
« lumières de son temps et de tous les matériaux
« particuliers qu'il a rassemblés, au fait de tous les
« ingrédients et des mobiles sociaux, sachant tous
« les rouages et tous les ressorts, il propose des
« moyens précis de se corriger et de s'arrêter à
« temps. »

Sainte-Beuve explique ensuite comment l'auteur
a été conduit souvent à voir la réforme dans le retour
à la tradition nationale. A ce sujet, il dit: « La ré-
« volution française, en s'attaquant aux désordres
« des règnes antérieurs et, du même coup, à tout
« l'ordre ancien, a dû faire appel à la passion plus
« encore qu'à la vérité. Aujourd'hui les abus que
« l'on combattait alors ont en partie disparu : les
« passions et surtout les erreurs que la passion a
« propagées subsistent encore. Il s'agit, selon M. Le
« Play, de purger le corps social de ces restes de
« levain irritant. Il s'agit de renoncer à quelques-
« unes des idées qui, mises en avant dans la lutte,
« n'étaient que des armes de guerre. »

Ne pouvant aborder chapitre par chapitre l'examen des moyens de réforme, Sainte-Beuve loue du
moins l'auteur, en ce qui touche la famille, d'avoir
voulu relever parmi nous « la statue du Respect ».

Il est enfin complètement gagné par les citations qu'il extrait de la *Réforme sociale*, au sujet de la tolérance, et dit : « Je ne sais pas de plus belle « page de moralité sociale à méditer. »

*Lettres de Montalembert* à M. A. Cochin (10 octobre 1864) et à un ami (8 janvier 1866).

Montalembert écrit dans sa première lettre : « Je « lis le livre de Le Play, et j'en suis émerveillé... « Il n'a pas paru de livre plus important et plus « intéressant depuis le grand ouvrage de Tocque- « ville sur la démocratie ; et Le Play a le mérite « d'avoir bien plus de courage que Tocqueville, « qui n'a jamais osé braver un préjugé puissant... « Il faut que vous lui rendiez pleine justice, et que « nous adoptions son livre comme notre programme, « sans nous arrêter aux dissentiments de détail, « qui pourront être assez nombreux. » Après une année de cruelles préoccupations, Montalembert reprend la lecture de la *Réforme sociale* et il écrit à un ami : « Sachez que je vis depuis plus « d'un mois en communication intime avec Le Play. « En revenant de mon voyage en Espagne, je me « suis mis à relire la *Réforme sociale*... Aujour- « d'hui je la lis, je l'annote, je m'en imbibe goutte « à goutte, à raison de quatre pages par jour ; je « suis arrivé ainsi à la fin du premier volume, où « j'ose croire que rien ne m'a échappé ; et, cette « lecture achevée, je n'hésite pas à dire que Le

« Play a fait le livre le plus original, le plus utile,
« le plus courageux et, sous tous les rapports, le
« plus fort de ce siècle. Il a, non pas plus d'élo-
« quence que l'illustre Tocqueville, mais beaucoup
« plus de perspicacité pratique et surtout de cou-
« rage moral. Oui, ce que j'admire surtout en lui,
« c'est le courage qui lui a permis de lutter à visage
« découvert contre la plupart des préjugés domi-
« nants de son temps et de son pays, comme il l'a
« fait très spécialement dans son excellent chapitre
« sur l'enseignement, et partout où il confesse si
« nettement la chute originelle de l'homme, cette
« doctrine qui répugne si profondément à l'orgueil
« servile de nos contemporains. C'est par là, encore
« plus que par sa prodigieuse science des faits et
« son rare talent d'exposition, c'est par la noble
« indépendance de son esprit et de son cœur qu'il
« sera vraiment grand dans l'histoire intellectuelle
« du XIX° siècle. »

Les *Moines d'Occident*, t. V, p. 201, par Ch. de
Montalembert.

« Quiconque voudra lire le tableau le plus fidèle
« et le plus complet que je connaisse de l'organisa-
« tion politique et sociale de l'Angleterre, devra re-
« courir à M. Le Play, dans son admirable ou-
« vrage : *La Réforme sociale*. On y sera frappé de
« la persistance des traits distinctifs du caractère
« et des institutions britanniques, tels qu'on les
« retrouve chez les Saxons. »

# PIÈCE IV
## CATALOGUE DE LA BIBLIOTHÈQUE SOCIALE
### Au 1er juin 1879

**Les Ouvriers européens.** Ouvrage couronné en 1856 par l'Académie des Sciences de Paris; 2e édition, 6 vol. in-8°. = Tome Ier. — La Méthode d'observation. = Tome II. — Les Ouvriers de l'Orient. = Tome III. — Les Ouvriers du Nord. = Tome IV. — Les Ouvriers de l'Occident (1re série. — Populations stables). = Tome V. — Les Ouvriers de l'Occident (2e série. — Populations ébranlées). = Tome VI. — Les Ouvriers de l'Occident (3e série. Populations désorganisées). — Prix de chaque volume. . . . . . . . . . . . . . . . . . 10 fr.

**Les Ouvriers des deux mondes.** — 4 vol. in-8° (1858 à 1863). — 1re partie du tome V (1875). — Prix du vol. 10 fr.

**Bulletin** des séances de la Société d'Économie sociale. — 5 vol. in-8° (1866 à 1877). — Prix du volume. . . . . . . 8 fr.

**La Réforme sociale.** — 4 vol. in-18; 6e édition (1878). — Prix. . . . . . . . . . . . . . . . . . 8 fr.

**L'Organisation du travail.** — 1 vol. in-18, 4e édition (1877). — Prix. . . . . . . . . . . . . . . . . . 2 fr.

**L'Organisation de la famille.** — 1 vol. in-18; 2e édition (1875). — Prix. . . . . . . . . . . . . . . . . . 2 fr.

**La Paix sociale** après le désastre, 2e édition, complétée par un Épilogue de 1875. — 1 petit vol. in-18 de 168 pages. — Prix. . . . . . . . . . . . . . . . . . 60 cent.

**Correspondances sur les Unions de la paix sociale.** Huit brochures in-18 (Nos 1 à 8). — Prix du N°. . 30 cent.

**La Constitution de l'Angleterre.** — 2 volumes in-18. — Prix. . . . . . . . . . . . . . . . . . 4 fr.

**Annuaires des Unions de la paix sociale.** — 2 vol. in-18 : tome I (1875); tome II (1876). — Prix de chaque volume. . . . . . . . . . . . . . . . . . 2 fr.

**Annuaire de l'économie sociale** (suite des précédents.) — 1 vol. in-8°, tome III (1877-1878). — Prix. . . . . 4 fr.

**La Réforme en Europe et le Salut en France.** — 1 petit volume in-18 (1876). — Prix. . . . . . . 1 fr. 50

**L'Erreur sous l'ancien régime et la révolution.** — Épilogue de *la Réforme sociale*, 6e édit. — Une petite brochure in-18 (1878). — Prix. . . . . . . . . . . . 10 cent.

**La Question sociale au XIXe siècle.** — Épilogue général des *Ouvriers européens*, 2e édit. — Une brochure in-18 (1879). — Prix. . . . . . . . . . . . . . 30 cent.

**La Méthode de la science sociale.** — Abrégé des *Ouvriers européens*, comprenant : *La méthode d'observation, la doctrine et le précis alphabétique des faits.* — 1 vol. in-8° (1879). — Prix. . . . . . . . . . . . . . . . 10 fr.

9079. — TOURS, IMPR. MAME.

www.ingramcontent.com/pod-product-compliance
Lightning Source LLC
Chambersburg PA
CBHW050517210326
41520CB00012B/2342